MAREA, SUBE Y BAJA

MAREA, SUBE Y BAJA

NIRVANA PEREIRA-QUILES

Valparaíso
EDICIONES

Número 531 de la Colección VALPARAÍSO DE POESÍA
dirigida por FEDERICO DÍAZ-GRANADOS

Diseño de colección y portada: Chari Nogales

Primera edición: octubre de 2025

© De los poemas: Nirvana Pereira-Quiles
© Imagen de portada: Nirvana Pereira-Quiles

© Valparaíso Ediciones
C/ Fray Leopoldo, 7 bajo, 18014 Granada
www.valparaisoediciones.es

ISBN: 979-13-87538-99-6
Depósito Legal: GR 1347-2025

Impreso en España - *Printed in Spain*
Gráficas Gami

MAREA, SUBE Y BAJA

Quería escribir un libro. Un libro de poesía. Un libro lleno de palabras que significaran algo de verdad, no solo para mí, sino para todos que lo recogen en sus manos. Un libro corto y dulce.

Quiero escribir cien recuerdos en unas cuantas páginas que te hagan temblar el cuerpo, que te pongan la boca a salivar, que te revuelquen el corazón, y que las manos te suden sin aviso. Quiero escribir por amor a escribir y compartir por el simple placer de ofrecer un vistazo a una mente humana singular.

Este libro es para el cuerpo, y lo que viene para el alma.

*Para los corazones sensibles que fueron ridiculizados
por su suavidad en un mundo endurecido.*

DELICIOSAMENTE

Como un caramelo derritiéndose
encima de una lengua caliente
estiro mis extremidades pródigamente
debajo de una sábana de esplendor.

Todo, una delicia.

Abrazada por sentimientos invisibles
que me mantienen alegremente
llena de sueños amorosos y persistentes
tanto que me levanto papada con sudor.

¡Todo es una delicia!

COMO TU SER (ODA A UN HIGO)

Me perdí en la forma delicada de su curvatura.
Mis manos encajaban perfectamente
alrededor de cada cresta flexible.
Su piel estaba caliente por tomar sol
y goteaba leche blanca
mientras yo agarraba amorosamente su cuello.

Hundí mis dientes en su suave carne desnuda
y se abrió de golpe—
        rosa rubí bailando en mis papilas gustativas
Me gocé cada trago con tremendo placer,
ya lista para devorar otra vez…
Los dos alimentándonos desde adentro.

OBRAS DE ARTE I

Déjame pintarte una verdad
¿Qué fue lo que dijo Juan Luis Guerra?
De un pez. De tu pecera.
Quisiera, ay, cómo quisiera…

Déjame cantarte canciones desafinadas.
Te enseñaré cómo hacer música prohibida
con líricas que solo se encuentran
debajo de sábanas desarregladas.

Ven, amorcito mío. Ven, acércate, cariño.
Escribiremos poemas imperfectos
con nuestras manos torpes y sudadas.

¿Qué dices, mi cielo?
¿Te gustaría otra revista?
Te juro que nuestras obras serán
la envidia de todos los artistas.

NUEVO SÁBADO

Un deseo perverso de morder tu carne –
tan suave y jugosa contra mis labios,
tentadoramente tierna entre mis dientes.
Yo cerebro

    "¿Te gustaría?"

Te hablo directamente a los ojos
preparándome para el servicio.
Una congregación de adoradores naturales:
Enredados como enredaderas,
salvajes y afectuosamente ahogándose
unos a otros con rituales familiares.

Santísimos cuerpos divinos,
recién bautizados
y jadeantes de sed sexual.
Contemplo

    "¿Veré a Dios?"

OBRAS DE CARIÑO II

Dime que pasas momentos libres
recordando escenas de nuestro cuento

en cómo mis curvas carnosas
se sentían en tus manos

en cómo mis labios resecos
se mojaban con tus besos

en cómo mis rizos marrones
caían tapando mis ojos

entre suspiros y jadeos
y nuestros gritos amorosos.

Cuéntame, mi cielo,
que te gustaría revivirlo

Que se te sube la presión
al recordar cómo te excito.

Dímelo, mi amor,
antes que la vida nos lleve al viento.

Dime que todavía tienes sed
y vengo y te refresco.

BRAVA

Dejé que el jardín de mi vida se volviera silvestre.
Que recuperara la tierra que sembramos;
el suelo que nutrimos juntos.

cambios ~
movimiento ~
creciendo ~
evolucionando ~

Ella continúa brindando a través de todo
y yo solamente soy testigo y benefactor,
infinitamente asombrado por ella.

AYUNO

Para empezar el año nuevo
dije que iba a tomar un mes
sin vicios –
Un acto de salud para el beneficio
y en lo que te convertiste
en una memoria,
me quede sobria y
con una sed
excesiva.
¿Quién sabía que sería
un tortuoso sacrificio?

LISTA DE COMPRAS (Y DESEOS)

Huevos, azúcar,
leche de avena
yo pintada con tu leche…

   ¡Enfócate, nena!

Cebolla, pimiento.
¿Uno o dos pepinos?
Qué lindo es el tuyo…

   Eso sí, es divino.

Carne, de res.
Pollo, solo muslos.
Tu cara entre los míos…

   Me están faltando los escrúpulos.

¿Dime entonces, cuándo comemos?

KOMOREBI

Una respiración tan profunda
el pecho inflado con rayos de sol
un olor hipnótico en el aire
de las plantas de tomate afuera de la ventana
todo el ambiente me tiene delirando a tu lado

Fruta fresca e impresionante
con florecitas tan dulces
que las abejas vuelan borrachas
y voltean locas y desorbitadas
casi igual que las aspas del ventilador
tratando de desaparecer nuestros pecados

Ojos marrones y pesados
escondidos debajo de pestañas revoloteando
como hojas en un árbol lleno de verano
tu cuerpo por fin indica descanso
aquí el tiempo es nuestra ilusión sagrada

PLAYERO

me curas el cora

con tus besos salados

me envuelves tiernamente

con tus abrazos de arena

pero vienes y te vas

justo como la marea

AQUÍ NO SE VENDE SUERTE

No hay paz cuando acuesto la cabeza
mi almohada es un portal espantoso
otra noche más que paso en desvelo
otra mañana lamentando en reposo

¿De qué me sirven tus caricias como espinas?
¿Y tu lengua de víbora ocultada
entre esos labios dulces y venenosos?
Me encuentro en una encrucijada

Me encuentro entre dos realidades
estoy desgarrándome las costuras
los sueños son cortos, las pesadillas largas
"¡Socorro, por dios!" le grito a la luna

La madrugada se asoma por las palmas
La luna vira la cara y me muestra su espalda
El sol viene y me ilumina como ninguna
Ambos mirándose y diciendo —Qué mala fortuna.

COMEDIA

Entre palizas al corazón
con un machete sin filo
y un maldito pensamiento que se ha
transformado en una pesadilla recurrente
me rindas con cosquillas
me llenas de hormigas
pero de las que pican.
Las que muerden en defensa (...) propia

¡Qué brillante comedia!

PRIMERO VERÁS/PRIMAVERA

Llévate a los pajarillos cantando
porque hoy ya no hay música en mi vida

Llévate a la lluvia que brilla como cristalina
porque mis ojos ya son alumbrados con lágrimas

Llévate al viento que susurra dulcerías
que ya estoy cansada de tragarme mentiras

Y no te olvides de las flores recién llegadas
Les pido perdón por ignorarlas

Amor, cómo te he amado
Cómo te he dado de mi ser entera
Cuántas veces te desahogaste
usando mi cuerpo a tu manera

Arrancaste de mi pecho abierto
un corazón todavía latiendo
Cogiste lo que pudiste con dos manos
y me robaste la primavera

SERENATA VERANIEGA

Hoy me levanté y no escuché música.
Afuera dos palomas se alborotaban
ruidosas y torpes, exageradas
todo por una triste paja

En mi carro solamente me cantaba
el chillido de mis frenos, lamentándome
que estaban desesperadas por un ajuste
otra molestia que ahora me llamaba

En el mecánico me encontré entre cantazos y martillazos.
Los ronquidos del viejo que se sienta ahí a diario,
formaban una orquesta con unos perros satos
que ladraban en concierto justo con su radio—

   "¡Importante! ¡Guau-Guau!
¿Sufres de dolor? ¡Guau!
Llámenos ahora, perra,
te tenemos la solución"

"Qué tremendo revolú", pensé molestada.
Ya al borde de caer en una profunda locura
cuando un rayo de sol fuerte y clarificante
brilló una luz que llego a mi mente oscura

Estaba goteando con el peso del caos
cuando en ese momento me di cuenta de lo más obvio
de que hoy me levanté, sin música ni líricas celestiales
pero esta vida humilde me tiró serenatas como diluvio

CÓMO CAMBIAN LAS COSAS

El duelo del verano llegó rápido.
Su rocío reluciente llena las mañanas
donde el frío se cuela y cambia la bruma por la niebla.
La vara de oro se desborda sobre campos cubiertos de
maleza,
y las flores de alcachofas se abren hacia el cielo
– desesperadas de bañarse en los últimos rayos fuertes
del sol otoñal.

¿Por qué nunca nos paramos a respirar
en esos momentos fugaces?
Esos días que pasamos trazando nuestras lenguas
sobre cada pulgada de piel expuesta.
Saciábamos nuestra lujuriosa sed con gotas de amor.

Tomaré lo que pueda recoger del suelo
de nuestros recuerdos impregnados de placeres culpables
– agobiados por el calor menguante del verano
y escondidos entre un desorden de ropa tirada al viento.

LA CURA

1. Realización - Te rompieron el corazón, o quizás te lo rompiste tú mismo.

De tal manera, hay que recoger los pedazos.

2. Llanto - Llora. Llora profundamente. Llora hasta que los ojos te arden y crees que no te quedará más líquido en el cuerpo. Llora como una guitarra bachatera, como un mono aullador. Llora bien feo.

3. Entumecimiento - ¿No sientes nada? Está bien. ¿No tienes ganas de buscar alegría?

Tranquilo. Siéntate con la nada que aquí viene lo mejor...

4. Respiración - Profundo y con calma. Es hora de aprender a meditar.

5. Despertar - ¿Puedes ver cómo los rayos del sol abrazan a las hojas nuevas de una flor?

¿O cómo los pajarillos siempre están de acuerdo en cantar por la madrugada?

Sácate la costra de los ojos, y date cuenta de que llena de amor está la vida sencilla!

6. Conéctate a la realidad - Las cosas pasan porque la vida y el tiempo no paran para nadie. Estamos rodeados de absolutos y realidades infinitas, todo bajo el mismo suspiro. Y mientras late tu corazón, uno puede convertir sus dolores en enseñanzas para el siguiente capítulo de la experiencia humana.

Amar es perderse y encontrarse entregándose a lo desconocido. Anda, vive.

LA RESISTENCIA ES...

mientras este universo
podría tragarnos
totalmente en nada

el deseo de amor eterno
nos unirá como una identidad
incapaz de ser separada

nos mantendremos vivos
creando un futuro
mejor que un cuento de hadas

somos revolucionarios
apasionados y sin miedo
totalmente llenos de esperanza

ÍNDICE